태아를 위한
무릎기도문

특별히 ________________ 님께

이 소중한 책을 드립니다.

내게 찾아온 기적

작자미상

아가야!
네가 나를 찾아온 그 순간부터 벅찬 감격을 느꼈단다.
그리고 그 순간 엄마는 직감했지.
'나는 너라는 기적을 보내주신 하나님께 감사하면서
평생을 살겠구나!' 라고 …
지금 너는 눈에도 보이지 않는 조그만 아기지만
머잖아 세상 무엇과도 바꿀 수 없는 나의 보물이 되겠지!
그리고 먼 훗날, 아주 먼 훗날
하나님께서는 너에게도 동일한 기적으로 축복할 것이다.
그때 너도 그 사랑의 깊이를 알게 되겠지.

아가야,
엄마는 항상 너와 함께 여기 있을 거야.
영원히 그리고 온전히 너를 사랑한단다.
언제나 나와함께 하자꾸나.

아직 태어나지 않은 나의 아가야!

작자미상

아가야! 나는 너를 간절히 원한단다.
네 엄마가 되길 간절히 바래.
하나님께서 너를 위해 나를 지명하셨고
너를 내게 보내셨단다.
네가 내게 찾아왔다는 사실을 알았을 때
나를 둘러싼 온 세상이 밝은 빛으로 환하게 빛났지.
아가야 나의 아가야!
나는 너를 무조건 사랑할 거란다.
그것은 나의 소명이고 숙명이란다.
아가야 나의 아가야
하나님께서 너를 나에게 보내셨단다.
나는 너의 엄마로, 너의 친구로 여기에 항상 있을 거야.
하나님이 나를 천국으로 부르시는 그날까지.
그리고 그 날에도 그날 이후에도
너는 내 마음에 영원히 자리할 거란다.
나의 아가야,
나는 네 엄마이고 너는 내 아가란다.
너는 내 생명을 가치 있는 것으로,
내 생애를 살아갈 의미가 있는 것으로 만들어 주었단다.

엄마와 태아를 위한 하나님의 말씀

- "여자 중에 네가 복이 있으며 네 태중의 아이도 복이 있도다"-누가복음 1:42
- "내가 너를 모태에 짓기 전에 너를 알았고 네가 배에서 나오기 전에 너를 성별하였고 너를 여러 나라의 선지자로 세웠노라"-예레미야 1:5
- "두려워하지 말라 내가 너와 함께 함이라 놀라지 말라 나는 네 하나님이 됨이라 내가 너를 굳세게 하리라 참으로 너를 도와 주리라 참으로 나의 의로운 오른손으로 너를 붙들리라"-이사야 41:10
- "보라 자식들은 여호와 하나님의 기업이요 태의 열매는 그의 상급이로다 젊은 자의 자식은 장사의 수중의 화살 같으니 이것이 그의 화살 통에 가득한 자는 복되도다" - 시편 127:3~5
- "주께서 내 내장을 지으시며 나의 모태에서 나를 만드셨나이다 내가 주께 감사하옴은 나를 지으심이 심히 기묘하심이라 주께서 하시는 일이 기이함을 내 영혼이 잘 아나이다...내 형질이 이루어지기 전에 주의 눈이 보셨으며 나를 위하여 정한 날이 하루도 되기 전에 주의 책에 다 기록이 되었나이다"-시편 139:13-16

태아를 위한 무릎 기도문

나침반

이 책의 사용 방법

1. 이 기도문은 30일 동안 임산부와 태아를 위한 기도문입니다.
   이름이나 태명을 부르며 기도하십시오.
2. 매일 적당한 시간을 내어 될 수 있으면 같은 시간에 기도하십시오.
3. '태아와 함께 읽는 성구'를 태아가 들을 수 있도록 소리내어 읽으십시오.
4. '태담'은 그 날의 기도와 관련된 이야기를 태아에게 들려주는 것이므로 임산부인 엄마의 배 위에 손을 얹고 소리 내어 읽으십시오.
5. 태담 후 상상으로 아가의 반응을 「아가의 대답」란에 기록하고 먼훗날 아가에게 보여주십시오.
6. 태담을 읽은 후 매일의 기도를 소리내어 하십시오. 태아도 엄마가 자신을 위해 기도하는 소리를 듣고 있습니다.

Contents_차례

1일

귀한 생명 주심을
감사합니다

부모로의 부르심은
그 어떤 것과도 비교할 수 없는 귀한 소명입니다.
더 많이 그리고 더 열심히 기도합시다.

태아와 함께 읽는 성구

"내 어머니의 태로부터 나를 택정하시고 그의 은혜로 나를 부르신 이가"(갈라디아서 1:15)

"나를 태 속에 만드신 이가 그도 만들지 아니하셨느냐 우리를 뱃속에 지으신 이가 한 분이 아니시냐" (욥기 31:15)

"…너를 창조하신 여호와 하나님께서 지금 말씀하시느니라 이스라엘아 너를 지으신 이가 말씀하시느니라 너는 두려워하지 말라 내가 너를 구속하였고 내가 너를 지명하여 불렀나니 너는 내 것이라"(이사야 43:1)

"내 이름으로 불려지는 모든 자 곧 내가 내 영광을 위하여 창조한 자를 오게 하라 그를 내가 지었고 그를 내가 만들었느니라"(이사야 43:7)

〈오늘 아가에게 들려주고픈 이야기〉

사랑하는 아가(이름이나 태명)야!

엄마, 아빠는 아가가 우리에게 찾아왔다는 소식을 듣고 너무 좋아서 날아갈 뻔 했단다.

정말 행복했어! 환영한다!

엄마, 아빠는 아가를 만날 생각을 하니 정말 기쁘고 설레는구나.

엄마, 아빠는 널 만날 날을 기다리며 너를 위해 매일매일 기도할게.

아가도 엄마 뱃속에서 건강하게 잘 자랄거지?

아가의 대답

생사화복을 주관하시는 하나님!
우리 가정에 귀한 새생명을 허락해 주셔서
감사합니다. 이 생명을 허락하신 분이
하나님이심을 고백합니다.
주님, 부모가 된다는 것이 기쁘기도 하고,
두렵기도 합니다.

뱃속에 있는 우리 아가를 축복하며 기도할 때,
아이는 건강하게 자라도록 지켜주시고,
저희는 좋은 부모로 준비되게 해 주십시오.
특별히 아이를 품고 있는 엄마를
모든 위험으로부터 안전하게 지켜주십시오.
예수님 이름으로 기도합니다. 아멘.

2일

태아를 건강하게
해주옵소서

하나님이 맨 처음 지으신 아담과 하와처럼
온전하고 사랑스럽고 지혜로운 아이로
태어나고 자라길 소망합시다.

태아와 함께 읽는 성구

"주께서 내 내장을 지으시며 나의 모태에서 나를 만드셨나이다"(시편 139:13)

"내가 주께 감사하옴은 나를 지으심이 심히 기묘하심이라 주께서 하시는 일이 기이함을 내 영혼이 잘 아나이다"(시편 139:14)

"내가 은밀한 데서 지음을 받고 땅의 깊은 곳에서 기이하게 지음을 받은 때에 나의 형체가 주의 앞에 숨겨지지 못하였나이다"(시편 139:15)

"내 형질이 이루어지기 전에 주의 눈이 보셨으며 나를 위하여 정한 날이 하루도 되기 전에 주의 책에 다 기록이 되었나이다"(시편 139:16)

아가야!

　오늘도 행복하게 잘 놀고 있지?^^

　네가 뱃속에 있어서 보이진 않지만 하나님께서 너를 최고로 예쁘고 건강하게 만들어주고 계심을 믿는단다.

세상 모든 엄마 아빠들의 가장 큰 소원은 바로 우리 아가의 건강이란다.

아빠 엄마의 가장 큰 기도 제목도 바로 그거야!

오늘도 엄마 탯줄을 통해 공급되는 영양분을 잘 받아먹으렴.

그리고 오늘 하루 자라야 할 만큼 씩씩하고 튼튼하게 자라고 있지?

아가의 대답

가장 좋은것으로 채우시는 하나님!
우리 아가의 건강을 위해 기도합니다.
아가의 눈을 만드시고, 피부를 덧입히시고,
심장을 뛰게 하시고, 소리를 듣게 하시고,
움직이게 하시며 놀라운 속도로 성장시키고
계신 분이 하나님이심을 고백합니다.
부디, 우리 아가를 하나님의 최고의 작품으로
만들어 주시고, 형성되는 장기 하나하나,
조직 하나하나를 튼튼하게 해 주십시오.

주님, 그 귀한 손으로 날마다 친히 빚으시고
축복하여 주십시오.
우리는 아가가 뱃속에서 자라는 모습을
볼 수 없지만 주님께서는 친히 보시며
가장 좋은 것들로 채워 주심을 감사드립니다.
예수님 이름으로 기도합니다. 아멘.

3일

평생 건강의 복을
주옵소서

내 영혼이 잘돼야 내 몸이 건강하고,
내가 하는 모든 일이 번성함을 기억 합시다.

태아와 함께 읽는 성구

"아기가 자라며 강하여지고 지혜가 충만하며 하나님의 은혜가 그의 위에 있더라"(누가복음 2:40)

"끝으로 너희가 주 안에서와 그 힘의 능력으로 강건하여지고"(에베소서 6:10)

"사랑하는 자여 네 영혼이 잘됨 같이 네가 범사에 잘되고 강건하기를 내가 간구하노라"(요한3서 1:2)

"그것은 얻는 자에게 생명이 되며 그의 온 육체의 건강이 됨이니라"(잠언 4:22)

아가야!

　하나님의 은혜로 삼손은 건강하고 힘이 쎄서 같은 민족 사람들을 지키고 보호했단다.

우리 아가도 하나님의 은혜로 건강하고 튼튼했으면 정말 좋겠다.

건강한 몸으로 재미있게 뛰어놀고, 하고 싶은 일도 맘껏 했으면 좋겠구나.

우리 아가가 몸이 아파서 사명 감당하지 못하는 일 없도록 엄마가 너를 위해 날마다 기도할게.

너도 하나님 잘 섬길거지?

아가의 대답

우리를 모든 위험에서 지켜주시는 하나님!
우리 아가에게 튼튼한 체력과 건강의
복을 부어 주십시오.
자라면서 고치기 힘든 큰 병에 걸리지 않도록
지켜주시고, 크고 작은 병에 걸렸을 때
이겨낼 수 있는 면역력을 허락해 주세요.

주님 주신 건강과 체력 가지고 남을 괴롭히는 일
절대 하지 않게 하시고, 건강한 몸으로
약한 사람들을 섬기고 돕는 자녀 되기 원합니다.

건강한 몸을 해칠 수 있는 나쁜 습관은 애초에
갖지 않는 우리 아가가 되도록 부모 된 저희가
잘 양육할 수 있는 지혜도 허락해 주십시오.
예수님 이름으로 기도합니다. 아멘.

4일
에스더 같이 사랑스런 외모를 허락해 주옵소서

이삭과 리브가처럼!
솔로몬과 술람미 여인처럼!
룻과 보아스처럼!
사랑하고 사랑받을 줄 아는 사람,
매력적인 사람이 되길 기대합시다.

태아와 함께 읽는 성구

"예수는 지혜와 키가 자라가며 하나님과 사람에게 더욱 사랑스러워 가시더라 "(누가복음 2:52)

"무성하게 피어 기쁜 노래로 즐거워하며 레바논의 영광과 갈멜과 사론의 아름다움을 얻을 것이라 그것들이 여호와 하나님의 영광 곧 우리 하나님의 아름다움을 보리로다"(이사야 35:2)

"여호와 하나님께서 너를 위하여 하늘의 아름다운 보고를 여시사 네 땅에 때를 따라 비를 내리시고 네 손으로 하는 모든 일에 복을 주시리니 네가 많은 민족에게 꾸어줄지라도 너는 꾸지 아니할 것이요"

(신명기 28:12)

아가야!

　너의 모습을 생각하면 너무 설레고 가슴이
콩닥콩닥 뛴단다.
예쁜 사람을 많이 보면 예쁜 아가가 태어난다고
하는구나. 그래서 엄마는 예쁜 아가들 사진이랑
하나님이 만드신 아름다운 자연도 본단다
과일을 먹어도 좋은 것만 먹고, 하다못해 깍두기
도 네모 반듯한 것만 먹으려고 노력하고 있어.^^
그리고 하나님께서 우리 아가에게 사랑스러운 외
모를 주시도록 날마다 기도한단다.
우리 아가 오늘도 행복하지?

아가의 대답

사랑이신 하나님!
우리 아가의 손가락 발가락
하나하나를 친히 빚어 주십시오.
또 동그랗고 반짝반짝 빛나는 예쁜 눈,
오똑한 코, 앵두 같은 입술, 아토피 없는
건강한 피부를 허락해 주십시오.

손가락, 발가락, 뼈, 뱃속 내장 하나하나까지
섬세하게 살피시고 예쁘고 튼튼하게 만들어
주실 줄 믿습니다.
예수님께서 자라시며 하나님과 사람에게
더욱 사랑스러워지신 것처럼, 우리 아가도
하나님과 사람들에게 더욱 사랑받는 자녀가
되게 해 주십시오.
예수님 이름으로 기도합니다. 아멘.

5일

다니엘 같은 총명함을
허락해 주옵소서

사랑하는 내 아이에게
세상 모든 좋은 것을 부어주시되
특별히 지혜의 은사를 넘치도록
부어주시기를 간구합시다.

태아와 함께 읽는 성구

"곧 흠이 없고 용모가 아름다우며 모든 지혜를 통찰하며 지식에 통달하며 학문에 익숙하여"(다니엘 1:4)

"하나님이 이 네 소년에게 학문을 주시고 모든 서적을 깨닫게 하시고 지혜를 주셨으니 다니엘은 또 모든 환상과 꿈을 깨달아 알더라"(다니엘 1:17)

"지혜를 얻는 자는 자기 영혼을 사랑하고 명철을 지키는 자는 복을 얻느니라"(잠언 19:8)

"오직 위로부터 난 지혜는 첫째 성결하고 다음에 화평하고 관용하고 양순하며 긍휼과 선한 열매가 가득하고 편견과 거짓이 없나니"(야고보서 3:17)

아가야!

　엄마는 우리 아가가 다니엘을 본받았으면 좋겠다. 하나님께서는 다니엘에게 공부를 잘 할 수 있는 능력을 주셨어. 그래서 다니엘은 지식과 학문에 익숙하고 모든 책을 잘 이해했단다.

다니엘은 공부만 잘 한 것이 아니라 무엇보다도 믿음이 좋았어.

모든 환상과 꿈을 깨달아 아는 영적인 사람이었고, 신앙을 지키기 위해 뜨거운 풀무불에도 들어가고, 사자굴에도 들어갔단다. 물론 하나님께서 다니엘을 모든 위험에서 구해주셨지.

우리 아가도 다니엘처럼 지식이 많고 총명할거지?

아가의 대답

약속을 지키시는 하나님!
오늘은 특별히 우리 아가에게
지식과 총명함 주시기를 간구합니다.
구하면 주신다고 약속하신 하나님!(마7:7)
자녀에게 좋은 것을 주시겠다고 약속하신
하나님(마7:9-11)의 약속의 말씀 붙잡고
간절히 기도합니다.

다니엘에게 주셨던 지식과 학문의 은사를
우리 아가에게도 주십시오.
어떤 분야이든 좋아하는 분야에서 공부할 때
그것을 잘 깨닫고 이해하고 통달하는
'공부 재능'을 주십시오.
학문의 은사로 세상을 밝히고 살릴 수 있는
사람 되게 해 주십시오.
예수님 이름으로 기도합니다. 아멘

태아도 인격입니다.

인격으로 대하는 가장 좋은 예는 대화지요.
배에 손을 얹고 이런 저런 이야기를 들려주세요.
엄마의 포근한 목소리를, 아빠의 든든한 목소리를
아가에게 매일매일 들려주세요.
그 소리를 들을 때 태아는 가장 평화롭고
행복하답니다.

기도 체크표

5일이 지났습니다.
기도한 횟수와 당신의 추가 기도를 적어보세요.
하나님은 당신이 기도한대로 정확하게 응답하실 것입니다.

횟수	날짜	엄마 아빠는 이렇게 기도한단다
회		
회		
회		
회		
회		
회		
회		
회		
회		
회		
회		

6일

솔로몬 같은
지혜와 판단력을 주옵소서

부모인 우리가 먼저 하나님 중심,
성경 중심, 교회 중심으로 살며
그렇게 자녀를 양육하기로 결단합시다.

태아와 함께 읽는 성구

"솔로몬 왕의 재산과 지혜가 세상의 그 어느 왕보다 큰지라 온 세상 사람들이 다 하나님께서 솔로몬의 마음에 주신 지혜를 들으며 그의 얼굴을 보기 원하여"
(열왕기상 10:23-24)

"지혜가 제일이니 지혜를 얻으라 네가 얻은 모든 것을 가지고 명철을 얻을지니라"(잠언 4:7)

"지혜를 얻으며 명철을 얻으라 내 입의 말을 잊지 말며 어기지 말라"(잠언 4:5)

"여호와 하나님을 경외하는 것이 지식의 근본이거늘 미련한 자는 지혜와 훈계를 멸시하느니라"(잠언 1:7)

아가야!

솔로몬은 어린 나이에 왕이 되었단다.

솔로몬은 왕이 되자마자 제일 먼저 하나님께 예배를 드렸어.

하나님을 의지하고 하나님의 도우심을 구하는 것이 중요하다는 걸 안거지. 그게 진짜 지혜란다.

하나님이 솔로몬에게 나타나 물으셨단다.

"무엇을 갖고 싶으냐?"

그러자 솔로몬은 "나라를 잘 다스릴 수 있는 지혜를 주세요"라고 했어.

하나님은 그 대답을 듣고 기뻐하셨단다.

우리 아가도 늘 하나님을 의지하고 지혜 주시기를 구하는 사람이 될거지?

아가의 대답

전지전능하신 하나님!
우리 아가에게 솔로몬에게 주셨던
지혜와 판단력을 주십시오.
우리 아가가 살아갈 세상은 매우 다양한
가치관이 존재합니다.
그 속에서 우리 아가가 신앙에 입각한 바른
가치관을 갖게 하시고, 그것에 근거해 행동하는
하나님의 자녀 되게 해 주십시오.

온 세상 사람들이 하나님께서 우리 아가에게
주신 지혜를 듣고 기뻐하게 해 주십시오.
그 지혜로 세상을 섬기는 우리 아가가 되기
원합니다.
무엇보다도 하나님을 의지하는 것이 참된 지혜의
근원임을 늘 기억하게 해 주십시오.
예수님 이름으로 기도합니다. 아멘.

7일

재물의 복을
부어 주옵소서

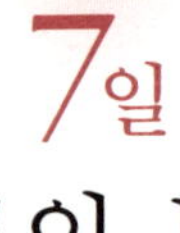

아가 평생에 넉넉함의 복을!
더불어 재물 관리하는 능력을!
무엇보다 하나님 더 사랑하는
마음 주시기를 구합시다!

태아와 함께 읽는 성구

"나를 가난하게도 마옵시고 부하게도 마옵시고 오직
필요한 양식으로 나를 먹이시옵소서 혹 내가 배불러서
하나님을 모른다 여호와 하나님이 누구냐 할까 하오며
혹 내가 가난하여 도둑질하고 내 하나님의 이름을 욕
되게 할까 두려워함이니이다"(잠언 30:8~9)

"오직 너희를 위하여 보물을 하늘에 쌓아 두라 거기는
좀이나 동록이 해하지 못하며 도둑이 구멍을 뚫지도
못하고 도둑질도 못하느니라"(마태복음 6:20)

"하나님이 그들에게 복을 주시며 하나님이 그들에게
이르시되 생육하고 번성하여 땅에 충만하라, 땅을 정
복하라, 바다의 물고기와 하늘의 새와 땅에 움직이는
모든 생물을 다스리라 하시니라"(창세기 1:28)

아가야!

　엄마는 네게 정말 좋은 것들을 많이, 아주 많이 주고 싶단다.

최고로 좋은 음식과 세상에서 가장 예쁜 옷, 좋은 집에서 편하게 살게 해주고 싶어.

건강하고 지혜로울 뿐 아니라 물질의 복 또한 누리기를 축복한다.

하지만 무조건 많이 가지려고 하기보다 지혜롭게 잘 쓰는 네가 되길 바란다.

돈이 우리를 행복하게 만들지 못하고, 하나님이 우리에게 행복을 주심을 명심하렴.

돈에 대한 올바른 가치관을 가지고 자신과 이웃과 하나님 나라를 위해 기꺼이 돈을 사용할거지?

아가의 대답

모든 재물의 주인 되신 하나님!
부모가 자녀에게 줄 수 있는 최고의 선물인
기도로 주님 앞에 나아갑니다.

우리 아가가 평생 살면서 돈 때문에
어려움 당하지 않게 해 주십시오.
잠언 말씀처럼 필요한 양식으로 먹이시고,
가난하여 도둑질하고 하나님의 이름을
욕되게 하는 일 없게 해 주십시오.

또 하나님보다 돈을 사랑하지 않게 해주십시오.
자신의 욕심만 채우기 위해 돈을 추구하지
않게 하시고, 돈을 잘 관리하는 은사를 주십시오.
주님이 주신 재물의 복으로 세상에서 영향을
끼치는 사람이 되길 소원합니다.
예수님 이름으로 기도합니다. 아멘.

8일

모든 위험으로부터
안전하게 지켜 주옵소서

주님은 우리 요새.
호위하는 천사를 세우시고
모든 위험으로부터 엄마와 태아를
지키심을 감사합니다.

태아와 함께 읽는 성구

"다만 악에서 구하시옵소서"(마태복음 6:13)

"하나님은 나의 견고한 요새시며 나를 안전한 곳으로 인도하시며"(사무엘하 22:33)

"여호와 하나님의 이름은 견고한 망대라 의인은 그리로 달려가서 안전함을 얻느니라"(잠언 18:10)

"여호와 하나님께서 너를 지켜 모든 환난을 면하게 하시며 또 네 영혼을 지키시리로다"(시편 121:7)

"내가 새벽 날개를 치며 바다 끝에 가서 거주할지라도 거기서도 주의 손이 나를 인도하시며 주의 오른손이 나를 붙드시리이다"(시편 139:9~10)

아가야!

하나님은 하늘과 땅을 만드시고 그 안에 있는 모든 것 들을 지으셨지. 그리고 첫 사람 아담과 짝궁 하와를 만드셨단다.

그러던 어느 날, 뱀이 와서 하와를 꼬였어.

"하나님이 정말 선악과를 먹지 말라고 하셨니? 한 번 먹어봐, 맛있을 것 같은데…"

결국 하와는 그 꼬임을 이기지 못하고 아담과 함께 선악과를 먹고 말았단다.

그래서 죄가 온 땅에 퍼지기 시작했고

죄로인해 세상은 위험한 곳이 되었지.

하나님께서 모든 위험으로부터 너를 안전하게 지켜주실것을 아가도 믿지?

아가의 대답

천지를 창조하신 하나님!
주님께서는 이 세상을 선하게 지으셨지만
오늘 이 땅은 너무나 죄악이 많습니다.
환경이 파괴되어 공기는 더럽고, 상상할 수 없는
무섭고 흉악한 일들이 도처에서 일어납니다.
하지만 오늘 모든 염려를 하나님 보좌 앞에
내려놓고 주님이 가르쳐주신 대로 기도합니다.

우리 아가를 모든 악에서 구해주십시오.
악의를 품은 범죄자들로부터, 오염된 환경과
먹거리로부터, 예기치 못한 자연재해와 사고로
부터 지켜주십시오.
주님의 천사를 보내사 밤에나 낮에나 항상
지켜주시고, 보호해 주십시오.
예수님 이름으로 기도합니다. 아멘.

9일

만남의 축복을
부어 주옵소서

부모님의 넘치는 사랑,
하나님의 깊은 사랑을 누리며
우리 아가 평생에
만남의 축복이 임하길 간구합시다.

태아와 함께 읽는 성구

"내가 사람의 줄 곧 사랑의 줄로 그들을 이끌었고"
(호세아 11:4)

"이로써 네 믿음의 교제가 우리 가운데 있는 선을 알
게 하고 그리스도께 이르도록 역사하느니라"
(빌레몬서 1:6)

"우리가 알거니와 하나님을 사랑하는 자 곧 그의 뜻대
로 부르심을 입은 자들에게는 모든 것이 합력하여 선
을 이루느니라"(로마서 8:28)

"하늘의 하나님 여호와께서 나를 내 아버지의 집과 내
고향 땅에서 떠나게 하시고 내게 말씀하시며 내게 맹
세하여 이르시기를 이 땅을 네 씨에게 주리라 하셨으
니 그가 그 사자를 너보다 앞서 보내실지라 네가 거기
서 내 아들을 위하여 아내를 택할지니라"(창세기 24:7)

아가야!

하나님 은혜로 너와 우리가 부모와 자녀로 맺어지게 되었단다.

너와의 만남은 세상에서 가장 아름답고 기쁜 만남이란다.

네가 "응애~"하고 태어나는 그 순간부터 사람들을 만날 텐데 어떤 사람을 만나느냐가 정말 중요하단다.

앞으로 우리 아가가 주님 안에서 최고의 친구를 만나 빛나는 우정을 나누게 되길 기도할게.

또 어른이 되면 사랑하는 이성도 만나 사랑하고 행복한 결혼을 하게 되길 또한 기도하마.

너도 우리가 너의 부모인거 좋지?

아가의 대답

우리에게 만복을 주시는 하나님!
하나님께서 아가에게 심어놓으신 달란트를
발견하고 그것을 키워주실 선생님을
만나게 해 주시고, 신앙을 지도해 줄 좋은 선생님
을 예비해 주십시오.

또 다윗과 요나단 같이 빛나는 우정을 나눌 수
있는 친구를 허락해 주십시오(잠27:17).
태중에서부터 이 자녀의 배우자를 위해
기도합니다. 귀한 배우자를 예비하시고 정결하고
아름답게 서로 준비되게 해주십시오.
서로서로 행복이 넘치는 인생 살게 되기
원합니다.
예수님 이름으로 기도합니다. 아멘.

10일

출산 과정을 안전하게 지켜 주옵소서

출산은 고통스럽지만
임신을 완성하는 결정적 시간입니다.
힘들지만 피할 수 없는 이 시간을
의연히 이겨내도록 마음을 새롭게 합시다.

태아와 함께 읽는 성구

"산파가 바로에게 대답하되 히브리 여인은 애굽 여인과 같지 아니하고 건장하여 산파가 그들에게 이르기 전에 해산하였더이다 하매"(출애굽기 1:19)

"내가 간구하는 날에 주께서 응답하시고 내 영혼에 힘을 주어 나를 강하게 하셨나이다"(시편 138:3)

"내가 너희에게 분부한 모든 것을 가르쳐 지키게 하라 볼지어다 내가 세상 끝날까지 너희와 항상 함께 있으리라 하시니라"(마태복음 28:20)

"두려워하지 말라 내가 너와 함께 함이라 놀라지 말라 나는 네 하나님이 됨이라 내가 너를 굳세게 하리라 참으로 너를 도와 주리라 참으로 나의 의로운 오른손으로 너를 붙들리라"(이사야 41:10)

아가야!

엄마와 아빠는 우리 아가 모습이 정말 궁금하단다. 눈은 어떻게 생겼을까? 코는 누구 닮았을까? 머리숱은 많을까, 적을까?

널 만날 날이 더욱 기대된다. 기왕이면 자연분만으로 널 만났으면 좋겠다.

아가야, 출산할 때는 엄마 뿐 아니라 아가도 똑같이 힘들다는 구나. 탯줄을 목에 감고 있거나, 머리를 하늘로 하고 있거나, 방향을 거꾸로 하고 있어도 안 된다.

엄마는 아가가 분명히 잘 이겨내리라 믿어.

엄마도 진통 잘 견딜 수 있도록 네가 "파이팅!" 해줄거지?

아가의 대답

우리를 신묘막측하게 지으신 하나님!
하나님께서 선물로 주신 소중한 아가를
만날 생각을 하면 기쁘고 설레지만
그 앞서 기다리는 진통과 출산 과정을
생각하면 두렵기도 합니다.
하지만 주님께서 이겨낼 수 있는 힘을 주시고
섬세한 손길로 도우실 줄 믿습니다.
먼저, 엄마에게 히브리여인들에게 주셨던
강건함을 주십시오.

또 출산 때 산모만큼 아가도 힘들다고 합니다.
바깥 세상으로 나오는 첫 관문을 잘 이겨낼 수
있는 지혜와 힘을 우리 아가에게 주십시오.
출산을 돕는 의사, 간호사, 조산사와 함께 하시고
출산 과정에서 위험한 일이 생기지 않도록
모든 상황을 주장하여 주십시오.
예수님 이름으로 기도합니다. 아멘.

엄마의 선서!

- 임신은 하나님이 주신 큰 복이자 특권입니다.
- 복중에 있는 아가는 무엇과도 비교할 수 없이
  귀한 하나님의 선물입니다.

기도 체크표

10일이 지났습니다.
기도한 횟수와 당신의 추가 기도를 적어보세요.
하나님은 당신이 기도한대로 정확하게 응답하실 것입니다.

횟수	날짜	엄마 아빠는 이렇게 기도한단다
회		
회		
회		
회		
회		
회		
회		
회		
회		
회		
회		

11일

좋은 성품을
갖게 하옵소서

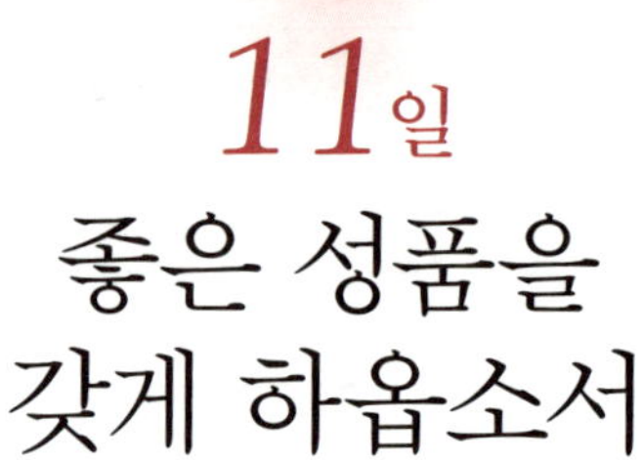

부모도 겸손한 마음으로
인격의 부족함과 경험의 미숙함을 인정하고
함께 가정 공동체를
일구어 가도록 노력합시다.

태아와 함께 읽는 성구

"또 아비들아 너희 자녀를 노엽게 하지 말고 오직 주의 교훈과 훈계로 양육하라"(에베소서 6:4)

"네 모든 자녀는 여호와 하나님의 교훈을 받을 것이니 네 자녀에게는 큰 평안이 있을 것이며"(이사야 54:13)

"여호와 하나님을 경외하는 것은 지혜의 훈계라 겸손은 존귀의 길잡이니라"(잠언 15:33)

"오늘 네 하나님 여호와께서 이 규례와 법도를 행하라고 네게 명령하시나니 그런즉 너는 마음을 다하고 뜻을 다하여 지켜 행하라"(신명기 26:16)

아가야!

　유대인 속담에 '물고기를 잡아주기 보다
물고기 잡는 법을 가르쳐주라'는 말이 있어.
필요한 것을 바로 주기 보다는 그것을 얻는 방법
을 알려주는 것이 더 유익하다는 뜻이지.
좋은 성품은 착한 마음씨, 부지런한 태도와 같이
사람 마음 속에 들어 있는 것이란다.
아빠와 엄마는 우리 아가가 무엇보다도 좋은 성품
을 지닌 사람이 됐으면 좋겠어.
그러면 너도 행복하고, 다른 사람도 행복하게 해
줄 수 있거든. 그렇게 할 수 있지?

아가의 대답

우리의 모든 필요를 채워주시는 하나님!
부모 된 저희에게 먼저 좋은 성품을
허락해 주십시오.
이웃과 화평하고, 어른을 공경하고, 온유하고
유순한 말을 하며, 겸손한 자 되기 원합니다.
과격하고 분노에 찬 말을 아이에게 던지지
않게 하시고, 칭찬하고 격려하는 말로
늘 사랑을 표현하기 원합니다.

주님, 아무리 생각해도 우리 인격은 좋은 부모가
되기에 한없이 부족합니다. 지금 이 순간 십자가
앞에 우리의 연약함과 욕심을 모두 내려놓습니다.
주님께서 친히 저희를 하나님이 원하시는 모습,
하나님이 기뻐하시는 모습의 부모로 아름답게
빚어 주십시오.
예수님 이름으로 기도합니다. 아멘.

12일

예수님처럼
사랑 많게 하옵소서

우리의 어떤 연약함에도 불구하고
하나님은 우리를 있는 모습 그대로
사랑하심을 감사합시다.

태아와 함께 읽는 성구

"사랑하는 자들아 하나님이 이같이 우리를 사랑하셨
은즉 우리도 서로 사랑하는 것이 마땅하도다 어느 때
나 하나님을 본 사람이 없으되 만일 우리가 서로 사랑
하면 하나님이 우리 안에 거하시고 그의 사랑이 우리
안에 온전히 이루어지느니라"
(요한일서 4:11-12)

"그런즉 믿음, 소망, 사랑, 이 세 가지는 항상 있을 것
인데 그 중의 제일은 사랑이라"(고린도전서 13:13)

"우리 주의 은혜가 그리스도 예수 안에 있는 믿음과
사랑과 함께 넘치도록 풍성하였도다"(디모데전서 1:14)

아가야!

엄마 아빠는 너를 정말 사랑한단다.

그리고 네가 많이 사랑받은 만큼 많이 사랑할 줄 아는 사람이 되었으면 좋겠어.

사랑과 자비의 마음이 많은 사람이길 바란다.

약하고 불쌍한 사람을 보면 가여워하고 눈물 흘릴 줄 아는 사람이 되길!

매일 만나는 사람들과 즐겁고 신나게 잘 지내는 사람이 되길!

마음 깊은 곳에 사랑을 품고 살면, 너도 행복하고 주위 사람들도 행복하게 만들어 줄 수 있단다.

그것이 바로 예수님을 닮은 사람이고 성령님과 동행하는 사람이란다. 너도 그렇게 할 수 있지?

아가의 대답

우리를 선하게 인도하시는 하나님!
우리 아가가 사랑 많은 아이가 되게
복을 부어 주십시오.
주님의 사랑을 많이 받게 해 주시고
많이 사랑받은 만큼 큰 사랑을 베푸는 사람이
되게 해 주십시오.

특별히 힘없고 불쌍한 사람을 긍휼히 여기는
착한 마음을 주십시오.
약한 자들을 그냥 지나치지 않고 도와줄 수
있는 사람 되게 해 주십시오.
우리 아가가 이웃들에게 사랑을 베풀어서
이웃사람들이 하나님의 임재를 경험하게 하는
매개체가 되게 하여 주십시오.
예수님 이름으로 기도합니다. 아멘.

13일

온유한 성품으로
칭찬받게 하옵소서

온유하고 평안한 마음,
겸손한 성품이 아이 마음에
자리 잡기를 기도합시다.

태아와 함께 읽는 성구

"온유한 자는 복이 있나니 그들이 땅을 기업으로 받을
것임이요"(마태복음 5:5)

"모든 겸손과 온유로 하고 오래 참음으로 사랑 가운데
서 서로 용납하고"(에베소서 4:2)

"오직 너 하나님의 사람아 이것들을 피하고 의와 경
건과 믿음과 사랑과 인내와 온유를 따르며"(디모데전서
6:11)

"그러므로 너희는 하나님이 택하사 거룩하고 사랑 받
는 자처럼 긍휼과 자비와 겸손과 온유와 오래 참음을
옷 입고"(골로새서 3:12)

아가야!

옛날에 해님하고 바람하고 내기를 했대. 지나가는 나그네 옷을 먼저 벗기는 쪽이 이기는 것! 바람은 세게 입김을 불기 시작했어. "쌩쌩~~~ 쌩쌩~~~" 갑자기 찬바람이 불자 나그네는, 더욱 옷깃을 꽁꽁 여미기 시작했어.

"이번엔 내가 하는 걸 잘 봐!"하면서 해님이 나섰어. 해님은 "후~~ 후~~~"하고 따뜻한 바람을 몰아쉬기 시작했지. 그러자 나그네는 "왜 이렇게 덥지?"하면서 입고 있던 겉옷을 벗기 시작했단다. 이렇게 해서 해님은 내기에서 이겼단다.

아가도 차가운 바람 같은 사람보다 따뜻한 해님 같은 사람이 좋지!

아가의 대답

우리를 사랑으로 감싸주시는 하나님!
사랑스런 우리 아가에게 좋은
모든 것을 주시되, 특별히 온유한 성품을
주십시오.
강 같은 평안이 흘러넘치는 사람, 마주하는
모든 사람을 편안하게 해주는, 그런 사람 되게
해 주십시오.

악을 악으로 갚지 않고 선으로 악을 이기는 자
되게 하시고, 공격하고 비난하는 사람까지도
품을 수 있는 자가 되길 원합니다.
세상은 힘세고 강한 자가 원하는 것을 얻는다
하지만 우리 예수님께서는 온유한 자가 땅을
차지한다고 하셨습니다.
사랑으로 모든 이의 마음을 얻는 온유한
아가가 되게 해 주십시오.
예수님 이름으로 기도합니다. 아멘.

14일

분노와 혈기의 감정을
다스릴 줄 알게 하옵소서

어머니 양수가 강 같은 평화의 물결이 되고
복중에서부터 하늘의 평화 속에 거하는
자녀가 되길 간절히 원합시다.

태아와 함께 읽는 성구

"분을 내어도 죄를 짓지 말며 해가 지도록 분을 품지 말고"(에베소서 4:26)

"분노가 미련한 자를 죽이고 시기가 어리석은 자를 멸하느니라"(욥기 5:2)

"오직 성령의 열매는 사랑과 희락과 화평과 오래 참음과 자비와 양선과 충성과"(갈라디아서 5:22)

"이삭이 거기서 옮겨 다른 우물을 팠더니 그들이 다투지 아니하였으므로 그 이름을 르호봇이라 하여 이르되 이제는 여호와 하나님께서 우리를 위하여 넓게 하셨으니 이 땅에서 우리가 번성하리로다 하였더라"
(창세기 26:22)

아가야!

살아보면 원하는 대로 되지 않았을 때, 억울한 일을 당할 때, 최선을 다했는데 좋은 결과가 나오지 않을 때, 내 잘못이 아닌 다른 사람 잘못으로 내가 피해를 볼 때가 있단다.

그럴 때 성경말씀은 당장 분노를 나타내는 것은 미련한 행동이라고 하는구나(잠 12:16).

급히 화를 내면 반드시 실수하고 일을 더 크게 망칠 수도 있단다. 의로우신 재판장이신 하나님께서 우리의 모든 억울함을 반드시 풀어주실 거야.

너도 화가 나도 해가 지도록 분을 품지 않을 거지?

아가의 대답

심판주가 되시는 하나님!
우리 아가에게 억울한 상황에 직면했을 때
혹은 친구들과 싸우게 될 때, 분노와 혈기를
지혜롭게 다스릴 수 있는 능력을 주십시오.
화가 날 때 숨 한번 크게 쉴 수 있는 마음의
여유를 주십시오.
자신의 상황과 감정을 돌아볼 수 있는 냉철함을
주십시오.

유순한 대답은 분노를 쉬게 하여도 과격한 말은
노를 격동한다고 하셨사오니(잠 15:1), 분노감을
지혜로운 말로 표현할 수 있는 아이가 되게
해 주십시오.
더 나아가 자신을 화나게 한 사람까지도
용서하는 그리스도의 마음을 부어 주십시오.
예수님 이름으로 기도합니다. 아멘.

인내를 통해
열매 얻는 법을 배우게
하옵소서

하나님께서 이 시간을 허락하신 이유는
인내를 배우게 하기 위함이니
몸으로 인내를 배웁시다.

태아와 함께 읽는 성구

"인내를 온전히 이루라 이는 너희로 온전하고 구비하
여 조금도 부족함이 없게 하려 함이라"
(야고보서 1:4)

"너희의 인내로 너희 영혼을 얻으리라"(누가복음 21:19)

"이제 인내와 위로의 하나님이 너희로 그리스도 예수
를 본받아 서로 뜻이 같게 하여 주사"(로마서 15:5)

"좋은 땅에 있다는 것은 착하고 좋은 마음으로 말씀을
듣고 지키어 인내로 결실하는 자니라"(누가복음 8:15)

아가야!

　사냥을 좋아하는 에서는 사냥을 하고 산에서 내려왔어. 집에 거의 다 왔는데 다가가보니 글쎄 쌍둥이 동생 야곱이 맛있는 팥죽을 만들고 있었단다. 에서는 너무 배가 고팠기 때문에 당장 그 팥죽을 먹고 싶어 야곱에게 한그릇 달라고 했단다. 야곱이 "맏아들의 권리를 내게주면 줄께"라고 하자. 그렇게 하기로 약속하고 야곱이 주는 팥죽을 먹었단다. 결국 아버지 이삭이 큰아들에게 주는 축복은 동생 야곱이 모두 받아 누리게 됐어. 소중한 것을 얻기 위해서는 어떤 상황에서도 끝까지 참는 게 중요하단다. 참고, 조금 더 참고, 정말 잘 참고, 한 번 더 참는 사람이 될거지?

아가의 대답

모든 것을 이루어주시는 하나님!
우리 아가에게 힘들고 어렵더라도
주어진 목표를 포기하지 않는 인내심을
주십시오.
사소하고 단순한 일부터, 조금 버겁고 힘든
일까지, 즐겁게, 꾸준하게, 성실하게, 아주
기분좋게 감당하게 해 주십시오.
인내는 연단을, 연단은 소망을 이룬다고
하셨습니다(롬 5:4).

우리 아가가 인내하는 삶의 자세를 통해
살아가면서 원하는 바를 하나하나 성취하는
기쁨을 누리게 해 주십시오.
우리 아가가 참고 견디며 최선을 다하게 하시고
하는 모든 일에 하나님 은혜를 내려주십시오.
예수님 이름으로 기도합니다. 아멘.

- 엄마 아빠가 서로 사랑하는 모습을 보일 때 아이는 가장 편안하고 행복합니다.
- 태아도 그것을 느낄 수 있습니다.
- 오랜만에 사랑하는 아내에게, 남편에게 연애 편지 한번 써보면 어떨까요?

기도 체크표

15일이 지났습니다.
기도한 횟수와 당신의 추가 기도를 적어보세요.
하나님은 당신이 기도한대로 정확하게 응답하실 것입니다.

횟수	날짜	엄마 아빠는 이렇게 기도한단다
회		
회		
회		
회		
회		
회		
회		
회		
회		
회		
회		
회		

16일

하나님과 사람에게
인정받게 하옵소서

아이가 일생 살아가면서
영혼의 복과 성품의 복, 물질의 복을 누리길
구체적으로 기도합시다.

태아와 함께 읽는 성구

"눈가림만 하여 사람을 기쁘게 하는 자처럼 하지 말고 그리스도의 종들처럼 마음으로 하나님의 뜻을 행하고"(에베소서 6:6)

"성실하게 행하는 자는 구원을 받을 것이나 굽은 길로 행하는 자는 곧 넘어지리라"(잠언 28:18)

"공의로 그의 허리띠를 삼으며 성실로 그의 몸의 띠를 삼으리라"(이사야 11:5)

"그 정사와 평강의 더함이 무궁하며 또 다윗의 왕좌와 그의 나라에 군림하여 그 나라를 굳게 세우고 지금 이후로 영원히 정의와 공의로 그것을 보존하실 것이라 만군의 여호와 하나님의 열심이 이를 이루시리라"
(이사야 9:7)

아가야!

성실은 게으르지 않고 맡은 일을 책임감 있게 해내는 것을 말한단다.

성경은 여러 곳에서 성실하게 살라고 권한단다.

하나님은 성실하게 세상을 창조하셨고, 돌보고 계신단다. 그리고 성실하게 너를 만드시고, 너를 인도하신단다.

그러니까 성실한 사람은 하나님을 닮아가는 거야.

우리가 하나님을 닮다니! 우와, 정말 멋지구나!

너도 성실한 모습으로 하나님을 닮아가도록 노력할거지?

아가의 대답

복에 복을 더하시는 하나님!
우리 아가가 부지런하고 성실한 사람이
되길 원합니다.
게으르거나 나쁜 습관은 절대 갖지 않게
해주십시오. 살면서 어떠한 일이 주어지든
최선을 다해 완수하게 해 주십시오.

또 결과에만 연연할 것이 아니라 과정을 중시하는
사람이 되게 해 주십시오.
눈가림만 하고 속이는 사람이 되지 않고
'하나님 면전에서' 라는 "코람데오"의 정신으로
힘과 뜻을 다하는 아가가 되길 원합니다.
그때에 하나님께서 우리 아가가 하는 모든 일에
복에 복을 더하실 줄 믿습니다.
예수님 이름으로 기도합니다. 아멘.

17일

다른 사람을 배려하고
양보하게 하옵소서

온유하다고 인정받은 노아는
홍수 속에서 건짐 받았고,
계속해서 우물을 양보한 이삭은
계속 우물을 받았듯이
성경은 양보와 배려가 손해라고
말하지 않음을 기억합시다.

태아와 함께 읽는 성구

"욕심이 많은 자는 다툼을 일으키나 여호와 하나님을 의지하는 자는 풍족하게 되느니라"(잠언 28:25)

"낮에와 같이 단정히 행하고 방탕하거나 술 취하지 말며 음란하거나 호색하지 말며 다투거나 시기하지 말고"(로마서 13:13)

"다투는 시작은 둑에서 물이 새는 것 같은즉 싸움이 일어나기 전에 시비를 그칠 것이니라"(잠언 17:14)

아가야!

어느 날, 비를 쫄딱 맞은 가난하고 배고픈 거지 한 사람이 여관에 찾아왔어. 때마침 난로 위에는 삶은 닭이 있었단다. 거지가 이게 무슨 냄새냐고 묻자, 주인 아줌마는 빨래 삶는 중이라고 거짓말을 했어.

거지는 배고픔을 견디다 못해 아줌마가 자리를 뜬 사이 그만 닭을 먹어 버렸단다.

잠시 후 부자 손님이 와서 배가 고프니 먹을 것을 달라고 했지. 아줌마가 솥을 열었을 때, 거긴 셔츠 두 벌만 들어 있는 거야.

우리 아가는 가난한 사람을 많이 도와줄거지?

아가의 대답

우리를 사랑하시는 하나님!
이 세상에는 어렵게 사는 사람들이
참 많습니다.
우리 아가가 어렵게 사는 사람들을
배려할 줄 아는 사람으로 자라게 해 주십시오.
욕심 부리고 빼앗는 사람이 되기보다 양보하고
나누어 줄 줄 아는 아이가 되게 해 주십시오.

특별히 가난하고 병든 사람, 약한 사람들에게
다가가 친구가 되고 힘이 되어주는 그런 사람
되게 해 주십시오.
그들을 사랑하고 불쌍히 여기시는 하나님,
아버지의 마음을 우리 아가도 갖게 하시고
그런 아이로 자라길 원합니다.
예수님 이름으로 기도합니다. 아멘.

18일

즐거이 순종하게
하옵소서

사람들에게 사랑받으셨던 예수님처럼!
우리 아가도 여러 사람에게
칭찬받는 착한 아이로 자라길 기도합니다.

태아와 함께 읽는 성구

"자녀들아 주 안에서 너희 부모에게 순종하라 이것이 옳으니라 네 아버지와 어머니를 공경하라 이것은 약속이 있는 첫 계명이니"(에베소서 6:1~2)

"너희 자신을 종으로 내주어 누구에게 순종하든지 그 순종함을 받는 자의 종이 되는 줄을 너희가 알지 못하느냐 혹은 죄의 종으로 사망에 이르고 혹은 순종의 종으로 의에 이르느니라"(로마서 6:16)

"젊은 자들아 이와 같이 장로들에게 순종하고 다 서로 겸손으로 허리를 동이라 하나님은 교만한 자를 대적하시되 겸손한 자들에게는 은혜를 주시느니라"
(베드로전서 5:5)

아가야!

어른을 공경한다는 건 좋은 것이 있으면 어르신 먼저 드리는 거란다.

맛있는 과자를 보고 입에 쏙 넣기 전에 "할아버지 할머니 먼저 드세요"라고 말해보렴.

하나님께서 모세에게 열 가지 계명을 주셨거든. 그걸 십계명이라고 해.

10가지 중 처음 넷은 하나님 섬기는 법이고, 나머지는 사람들과 관계 맺는 법이 들어있지.

그 여섯 가지 중 첫 번째가 "부모를 공경하라"란다. 부모님께 순종하고 어른을 공경하는 사람들에게는 약속된 복이 매우 많단다.

너도 어른들을 공경하는 사람이 될거지?

아가의 대답

순종하는 사람을 기뻐하시는 하나님!
우리 아가가 사랑받는 것에만
익숙한 이기적이고 무례한 아이가
되지 않게 해 주십시오.
어른을 공경할 줄 알고 예의바르게 행동하는
아이가 되게 해 주십시오.
무엇보다도 부모를 공경하고 순종하라는 약속의
계명을 기억하고 즐겨 순종하여 하나님이 주시는
복을 풍성히 누리는 자녀 되게 해 주십시오.

어린 예수님은 나사렛에서 육신의 부모님께
순종하셨고, 십자가를 지라는 하늘 아버지
말씀도 기꺼이 순종 하셨습니다.
우리 아가도 예수님처럼 즐겨 순종하며
그로인한 기쁨을 누리는 자녀가 되게 해주십시오.
예수님 이름으로 기도합니다. 아멘.

19일

겸손한 자에게 허락하신
복을 누리게 하옵소서

안아주기는 사랑 많은 아이로 기르는
가장 손쉬운 방법 중 하나이므로
열 달 동안 뱃속에서 품고,
태어나면 많이 안아줍시다.

태아와 함께 읽는 성구

"그러나 더욱 큰 은혜를 주시나니 그러므로 일렀으되 하나님이 교만한 자를 물리치시고 겸손한 자에게 은혜를 주신다 하였느니라"(야고보서 4:6)

"겸손한 자는 먹고 배부를 것이며 여호와 하나님을 찾는 자는 그를 찬송할 것이라 너희 마음은 영원히 살지어다"(시편 22:26)

"젊은 자들아 이와 같이 장로들에게 순종하고 다 서로 겸손으로 허리를 동이라 하나님은 교만한 자를 대적하시되 겸손한 자들에게는 은혜를 주시느니라"
(베드로전서 5:5)

태담 아가야!

겸손하다는 건 자기가 진짜 잘해도 동네방
네 자랑하고 다니지 않는 거란다.

정말 그랬더라도 말이야.

'겸손'의 반대말은 '교만'이거든.

교만한 사람은 떠벌이고 우쭐거리지.

교만한 사람과 함께 있으면 몹시 불편하단다.

성경에는 겸손에 대한 말이 아주 많이 나온단다.

하나님은 교만한 사람보다 겸손한 사람을 더 사랑
하시고 큰 복을 주신단다.

우리 아가도 실력 뿐 아니라 겸손한 성품도 가지
고 하나님의 영광을 위해 살거지?

아가의 대답

만왕의 왕이신 하나님!
우리 엄마가 자기만 잘났다는 허영심에
빠지지 않게 하시고, 무조건
이기려고 아등바등 하지 않길 원합니다.
다른 사람이 잘하는 것에 진심으로 박수쳐
줄 수 있는 착한 마음을 주십시오.
온유하고 겸손한 자에게 허락된 마음의 쉼을
평생 누리는 자녀가 되게 해 주십시오.

스스로 낮아지는 겸손을 선택할 때,
하나님께서 친히 우리 아가를 더욱 높여주시고
영광스럽게 하실 줄 믿습니다.
하나님께서는 겸손한 자에게 재물과 영광과
생명을 주신다고 약속하셨습니다.
우리 아가가 겸손하게 해 주십시오.
예수님 이름으로 기도합니다. 아멘

20일

즐겁고 유쾌한 성품을
주옵소서

아이의 까르르 웃음소리,
엄마의 행복한 웃음소리,
아빠의 호탕한 웃음소리가
울려 퍼지는 가정 되게 합시다.

태아와 함께 읽는 성구

"마음의 즐거움은 얼굴을 빛나게 하여도 마음의 근심
은 심령을 상하게 하느니라"(잠언 15:13)

"제자들은 기쁨과 성령이 충만하니라"(사도행전 13:52)

"주께서 생명의 길을 내게 보이시리니 주의 앞에는 충
만한 기쁨이 있고 주의 오른쪽에는 영원한 즐거움이
있나이다"(시편 16:11)

"그러므로 내일 일을 위하여 염려하지 말라 내일 일은
내일이 염려할 것이요 한 날의 괴로움은 그 날로 족하
니라"(마태복음 6:34)

아가야!

길에서 방긋방긋 웃는 아가들을 보면 엄마는 몹시 행복하단다.

우리 아가도 저렇게 예쁠테니까.

널 만날 날이 몹시 기다려지는구나.

엄마 뱃속은 온도도 일정하고 먹고 싶을 때 아무 때나 먹고 아주 편안하지? 하지만 네가 세상에 나오면 조금은 무섭고 불편할 수도 있단다. 그래도 아빠 엄마가 잘 돌봐줄 테니까 걱정하지 마.

조금 시간이 지나고 적응이 되면 엄마 아빠랑 지내는 게 정말 행복하고 즐거울 거야.

우리에게도 행복과 기쁨을 주는 아가가 될거지?

아가의 대답

사랑 많으신 하나님!
우리 아가가 방긋방긋 잘 웃는 귀엽고
사랑스러운 아기였으면 참 좋겠습니다.
바깥세상을 힘들어하지 않고 잘 먹고 잘 자고
응가도 잘하게 해 주십시오.
마음에는 안정감과 평안을 주셔서 낯선 환경에
잘 적응하기 원합니다.

보는 사람 기분이 좋아지는 환한 미소,
밝고 유쾌한 성품을 허락해 주십시오.
밝고 긍정적이고 웃을 줄 아는 여유로운 성품을
주십시오.
환경에 지배를 받지 않고 주님을 의지해
평안을 누리게 해 주십시오.
주변을 행복하게 만드는 사람 되게 해 주십시오.
예수님 이름으로 기도합니다. 아멘.

3쾌

3쾌라는 말이 있습니다.

- 잘 먹고, 잘 자고, 잘 싸는 것.
- 아가는 이 세 가지를 잘하는 것이 가장 중요합니다.
- 잘 먹어야 잘 자고 잘 싸죠.
- 잘 자고 잘 싸야 잘 자란답니다.

기도 체크표

20일이 지났습니다.
기도한 횟수와 당신의 추가 기도를 적어보세요.
하나님은 당신이 기도한대로 정확하게 응답하실 것입니다.

횟수	날짜	엄마 아빠는 이렇게 기도한단다
회		
회		
회		
회		
회		
회		
회		
회		
회		
회		
회		
회		

21일

믿음으로 양육하는
부모가 되게 하옵소서

하나님께서 우리 자녀들을 향해
놀라운 계획을 가지고 계신다는 믿음!
내 자녀에게 나는 최상의, 최고의, 최적의 부모라는
믿음으로 날마다 승리합시다.

태아와 함께 읽는 성구

"마땅히 행할 길을 아이에게 가르치라 그리하면 늙어
도 그것을 떠나지 아니하리라"(잠언 22:6)

"이러므로 너희는 나의 이 말을 너희의 마음과 뜻에
두고 또 그것을 너희의 손목에 매어 기호를 삼고 너희
미간에 붙여 표를 삼으며 또 그것을 너희의 자녀에게
가르치며 집에 앉아 있을 때에든지, 길을 갈 때에든
지, 누워 있을 때에든지, 일어날 때에든지 이 말씀을
강론하고 또 네 집 문설주와 바깥 문에 기록하라 그리
하면 여호와 하나님께서 너희 조상들에게 주리라고 맹
세하신 땅에서 너희의 날과 너희의 자녀의 날이 많아
서 하늘이 땅을 덮는 날과 같으리라" (신명기 11:18-21)

아가야!

　훌륭한 위인들의 부모님들은 기도와 신앙으로 자녀를 양육했다는 공통점이 있단다.

하나님께서 너를 우리 가정에 보내신 데는 다 귀한 뜻과 목적이 있기 때문이지.

엄마는 마땅히 행할 길을 너에게 가르칠거야, 가장 먼저 가르칠 것은 바로 하나님을 믿는 것이란다.

엄마는 너를 잘 양육하기 위해 말씀으로 인도받으며 늘 기도할 거야.

너도 믿음의 가정을 세우는 사람이 될거지?

아가의 대답

만복의 근원이신 하나님!
자녀교육의 우선순위를 신앙에 두고
우리 아가를 하나님 중심, 성경중심,
교회 중심으로 키우겠습니다.
부모 된 저희가 먼저 정성 다해 예배하고, 항상
기도하고, 범사에 감사하는 모습을 보이겠습니다.
성경 이야기를 재미있게 들려주고, 성경의 교훈을
아이에게 가르치겠습니다.
가정 예배를 드리며 신앙의 대를 이어가겠습니다.

믿음 안에서 행복하고 화목한 가정 이루게하시고,
주님께서 우리 가정을 더욱 축복하셔서
세상에 소망의 빛을 던지는 가정, 본이 되는
가정으로 세워 주십시오.
예수님 이름으로 기도합니다. 아멘.

22일

하나님 경외하는 삶을 살게 하옵소서

하나님을 경외하는 삶-
하나님을 사랑하고, 이웃을 사랑하며
그것을 실천하는 우리 가정이 되게 합시다.

"너는 나 외에는 다른 신들을 네게 두지 말라 너를 위하여 새긴 우상을 만들지 말고 또 위로 하늘에 있는 것이나 아래로 땅에 있는 것이나 땅 아래 물 속에 있는 것의 어떤 형상도 만들지 말며 그것들에게 절하지 말며 그것들을 섬기지 말라 나 네 하나님 여호와는 질투하는 하나님인즉 나를 미워하는 자의 죄를 갚되 아버지로부터 아들에게로 삼사 대까지 이르게 하거니와 나를 사랑하고 내 계명을 지키는 자에게는 천 대까지 은혜를 베푸느니라 너는 네 하나님 여호와 하나님의 이름을 망령되게 부르지 말라 여호와 하나님은 그의 이름을 망령되게 부르는 자를 죄 없다 하지 아니하리라"(출애굽기 20:3~7)

"믿음으로 노아는 아직 보이지 않는 일에 경고하심을 받아 경외함으로 방주를 준비하여 그 집을 구원하였으니 이로 말미암아 세상을 정죄하고 믿음을 따르는 의의 상속자가 되었느니라"(히브리서 11:7)

아가야!

사람에게 가장 중요하고 고귀한 목적은 무엇인지 아니?

그것은 하나님을 영화롭게 하고 마음을 다하여 그분을 영원히 즐거워하는 것이란다.

하나님은 거룩한 분이시고 찬양받기 합당한 분이시란다. 너무나 존귀하신 그분은 또한 우리를 지극히 사랑하신단다.

오직 하나님 한 분만을 우리의 창조주 유일하신 하나님으로 고백하고 너 또한 하나님을 깊이 사랑하며 그분의 명령을 지키렴.

하나님을 사랑하는 사람에게는 엄청난 복이 약속되어 있는데, 너도 하나님 사랑할거지?

아가의 대답

거룩하신 하나님!
우리 아가가 일평생 하나님 경외하는 삶을
살기 원합니다.
하나님을 즐거워하고 사랑하고, 주님을
영화롭게 하는 자녀 되게 해 주십시오.
다른 우상은 절대 멀리하게 하시고, 하나님의
거룩한 이름을 함부로 부르지 않고
귀히 여기는 자 되기 원합니다.

힘써 주님을 알고자 노력하며, 주님을
아는 지식이 자라게 해 주십시오.
하나님 경외하는 것이 사람의 첫째 되는 본분임을
늘 기억하고 하나님과 기쁨으로 동행할 때
하나님 경외하는 사람에게 약속된 복을 온전히
누리며 살게 해 주십시오.
예수님 이름으로 기도합니다. 아멘.

23일

예수님을 사랑하는
믿음의 사람되게
하옵소서

믿음의 조상 아브라함처럼,
일평생 하나님의 구체적인 인도하심 따라 사는
복된 걸음 되게 기도합시다.

"하나님이 세상을 이처럼 사랑하사 독생자를 주셨으니 이는 그를 믿는 자마다 멸망하지 않고 영생을 얻게 하려 하심이라 하나님이 그 아들을 세상에 보내신 것은 세상을 심판하려 하심이 아니요 그로 말미암아 세상이 구원을 받게 하려 하심이라"
(요한복음 3:16~17)

"복음에는 하나님의 의가 나타나서 믿음으로 믿음에 이르게 하나니 기록된 바 오직 의인은 믿음으로 말미암아 살리라 함과 같으니라"(로마서 1:17)

"또 아비들아 너희 자녀를 노엽게 하지 말고 오직 주의 교훈과 훈계로 양육하라"(에베소서 6:4)

아가야!

전능하신 하나님께서는 우리를 아주 많이 사랑하시지만 우리에게 죄가 있다면 우리는 하나님과 함께 할 수 없단다.

하나님은 우리와 함께 하고 싶으셔서 직접 죄 문제를 해결하셨어.

바로 하나님의 아들 예수님이 십자가에 못 박으시고 죄 값을 치루셨단다.

그 사실을 믿기만 하면 우리는 멸망하지 않고 영생을 얻으며 하나님과 동행하는 삶을 살 수 있단다.

우리 아가도 예수님 믿고 믿음의 사람이 될거지?

아가의 대답

우리의 죄를 용서해 주시는 하나님!
우리 아가가 믿음의 사람으로 자라게
해 주십시오.
모태신앙으로 자라는 것에 안주하지 않게
하시고, 예수님이 다른 사람이 아닌 바로
아가의 죄 문제를 해결해 줄 수 있는 유일한
구주이심을 인격적으로 고백하게 해 주십시오.

또 구원자 예수님께서 아가를 지극히 사랑하심을
믿고 기뻐하게 해 주십시오.
예수님께서 우리 아가에게 가장 좋은 것 주심을
늘 믿기 원합니다.
죽으시고 부활하신 예수님의 능력이 아가의 삶에
매 순간 나타나게 해 주십시오.
예수님 이름으로 기도합니다. 아멘.

24일
성령님과 동행하게 하옵소서

하늘 사닥다리를 타고 천사들이
오르락내리락 하는 것을 보았던 야곱처럼,
땅의 기름진 복과 더불어
하늘의 신령한 복이 태아 위에
충만히 임하기를 기도합니다.

태아와 함께 읽는 성구

"보혜사 곧 아버지께서 내 이름으로 보내실 성령 그가 너희에게 모든 것을 가르치고 내가 너희에게 말한 모든 것을 생각나게 하리라"(요한복음 14:26)

"육신을 따르는 자는 육신의 일을, 영을 따르는 자는 영의 일을 생각하나니"(로마서 8:5)

"그러나 진리의 성령이 오시면 그가 너희를 모든 진리 가운데로 인도하시리니 그가 스스로 말하지 않고 오직 들은 것을 말하며 장래 일을 너희에게 알리시리라"(요한복음 16:13)

"베드로가 이르되 너희가 회개하여 각각 예수 그리스도의 이름으로 세례(침례)를 받고 죄 사함을 받으라 그리하면 성령의 선물을 받으리니"(사도행전 2:38)

아가야!

　부활하신 예수님께서는 하늘로 올라가시면서 성령님을 보내주시겠다고 약속하셨단다.

우리는 성령님이 아니면 결코 예수님을 구주로 고백할 수 없단다.

그리고 하나님이 하시는 모든 신령한 일들을 이해하고 경험할 수 없지.

무엇보다도 성령의 사람은 사랑, 희락, 화평, 오래참음, 자비, 양선, 충성, 온유, 절제라는 성령의 열매가 나타난단다.

우리 아가도 성령님과 친하게 지낼거지?

아가의 대답

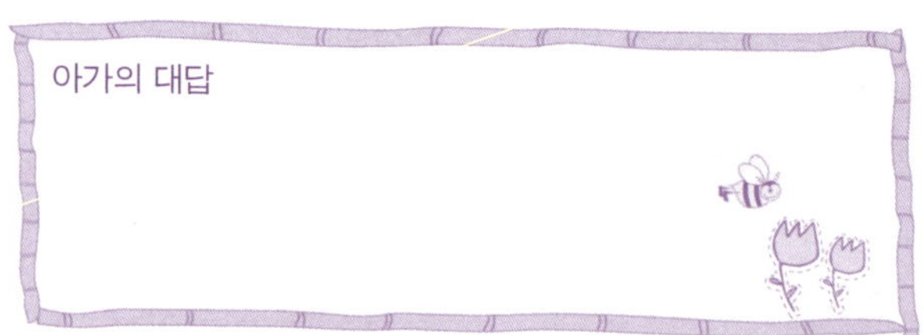

진리의 영이신 하나님!
성령님이 아니고서는 우리가 복음과
하나님나라의 신비한 것들을 결코
이해할 수 없음을 지금 이 시간 고백합니다.
사랑하는 우리 아가가 영의 사람으로 자랄 수
있도록 축복하여 주십시오.
우리 아가가 키가 자라며 지혜가 자라며
하나님과 사람들에게 사랑받게 해 주십시오.

주신 은사로 성도와 교회를 섬기는 자 되게 해
주십시오. 성령의 은사와 더불어 영적 분별력을
허락해 주셔서 거짓이나 미혹함은 하나도
틈타지 않기 원합니다.
영의 사람에 합당한 성령의 열매 맺는 사람으로
살아가게 해 주십시오.
예수님 이름으로 기도합니다. 아멘.

25일
성경을 늘 가까이 하게 하옵소서

아이로 하여금 「한 책의 사람」이 되어
하나님과 함께한, 그 책의 주인공으로
하나님 앞에서 그 책을 또 읽게 하십시오.

태아와 함께 읽는 성구

"또 어려서부터 성경을 알았나니 성경은 능히 너로 하여금 그리스도 예수 안에 있는 믿음으로 말미암아 구원에 이르는 지혜가 있게 하느니라 모든 성경`은 하나님의 감동으로 된 것으로 교훈과 책망과 바르게 함과 의로 교육하기에 유익하니 이는 하나님의 사람으로 온전하게 하며 모든 선한 일을 행할 능력을 갖추게 하려 함이라"(디모데후서 3:15-17)

"그러므로 모든 더러운 것과 넘치는 악을 내버리고 너희 영혼을 능히 구원할 바 마음에 심어진 말씀을 온유함으로 받으라"(야고보서 1:21)

"하나님의 말씀은 살아 있고 활력이 있어 좌우에 날선 어떤 검보다도 예리하여 혼과 영과 및 관절과 골수를 찔러 쪼개기까지 하며 또 마음의 생각과 뜻을 판단하나니"(히브리서 4:12)

아가야!

　성경은 하나님의 뜻과 하나님의 약속이 들어있는 소중한 책이란다.

성경을 읽으면 하나님이 우리에게 바라시는 것이 뭔지 알 수 있단다. 무엇보다도 성경에는 하나님이 널 매우 사랑하신다고 써 있단다.

엄마는 우리 아가가 성경을 늘 가까이 하는 "말씀의 사람"이 되길 기도할게. 엄마 뱃속에 있을 때부터 엄마가 말씀을 읽어 줄거야.

네가 나중에 커서 글자를 배우면 스스로 성경을 읽고, 그 말씀을 생각하고, 그 말씀을 암송할거지?

아가의 대답

우리에게 생명의 말씀을 주신 하나님!
우리 아가를 말씀의 사람으로
빚어주십시오.
성경 이야기, 설교 말씀 듣는 것을 좋아하게
하시고, 어려서부터 성경을 즐겨 암송하는
아이로 자라게 해 주십시오.
성경 말씀을 들을 때 그 말씀의 뜻을 이해하게
해 주십시오.

말씀에 민감하게 하셔서, 하나님의 사랑에
감격하게 하시고 하나님이 말씀으로
책망하실 때 깨닫는 은혜를 주십시오.
평생 성경을 묵상하고, 성경을 통해 하나님과
인격적으로 교제하는 아가가 되게 해 주십시오.
예수님 이름으로 기도합니다. 아멘.

추천할 만한 태교 방법

- 라디오 : 극동방송을 항시 은은하게 틀어주기
- 바느질 : 뜨개질, 퀼트, 십자수, 배넷저고리 만들기
- 좋은 음악듣기 : 찬양, 클래식, 국악, 그리고 엄마가 좋아하는 음악
- 태교여행 : 아기가 태어나면 한동안 여행은 힘듭니다. 부부가 오붓하고 행복한 시간을 갖는 것이야말로 효과적인 태교가 될 것입니다.
- 태교동화 읽어주기
- 엄마가 좋아하는 일 열심히 하고, 좋은 음식 챙겨먹기

기도 체크표

25일이 지났습니다.
기도한 횟수와 당신의 추가 기도를 적어보세요.
하나님은 당신이 기도한대로 정확하게 응답하실 것입니다.

횟수	날짜	엄마 아빠는 이렇게 기도한단다
회		
회		
회		
회		
회		
회		
회		
회		
회		
회		
회		
회		

26일

열심히 기도하고
기도로 승리하게
하옵소서

임신기간 동안 태아를 위해
기도한 제목들이
아이가 자라면서
어떻게 응답되었는지 꼭 확인해 봅시다.

태아와 함께 읽는 성구

"모든 기도와 간구를 하되 항상 성령 안에서 기도하고 이를 위하여 깨어 구하기를 항상 힘쓰며 여러 성도를 위하여 구하라"(에베소서 6:18)

"너희가 내게 부르짖으며 내게 와서 기도하면 내가 너희들의 기도를 들을 것이요"(예레미야 29:12)

"너는 기도할 때에 네 골방에 들어가 문을 닫고 은밀한 중에 계신 네 아버지께 기도하라 은밀한 중에 보시는 네 아버지께서 갚으시리라"(마태복음 6:6)

"너희는 여호와 하나님의 선하심을 맛보아 알지어다 그에게 피하는 자는 복이 있도다"(시편 34:8)

태담 아가야!

기도는 손을 모으고, 눈을 감고, 때론 무릎
도 꿇고 하나님께 이야기하는 거란다.

무슨 이야기를 하냐구? 뭐든지 다할 수 있어.

감사한 일을 말해도 좋고, 슬픈 일, 바라는 일 등
등을 솔직히 말하는 거야.

그렇게 기도하면 하나님은 들으시고 슬플 때는 위
로해 주시고, 잘한 일은 칭찬해주시고 격려해주시
고, 바라는 일은 이루어 주신단다. 그걸 응답이라
고 하지. 조지 뮬러라는 사람은 한 번 두 번도 아
니고 무려 오만 번이나 기도 응답을 받았단다.

예수님도 많이 기도하셨단다.

너도 기도하는 사람이 될거지?

아가의 대답

우리 아가가 기도할 때 친밀하고
다정하게 대답해 주십시오.
어려울 때, 힘들 때, 기쁠 때!
모든 상황 속에서 기도할 줄 아는 아이
되게 해 주십시오.
조금 기도하는 것이 아니라 많이 기도하는
사람이 되게 하시고, 대충 기도하는 것이 아니라
힘써 기도하게 하시고, 꾸미는 기도,
중언부언하는 기도가 아니라 진실하고 솔직한
기도로 주님 앞에 나아가는 우리 아가가 되게 해
주십시오.

하나님을 의지하는 기도로 삶의 매순간
승리하게 해 주십시오.
우리 아가가 기도할 때 친히 기도를 가르치시고
도우실 줄을 믿으며, 예수님 이름으로
기도합니다. 아멘.

27일

찬양이 언제나 넘치게
하옵소서

온몸으로 춤추며
찬양했던 열정적인 예배자 다윗처럼,
많이 찬양하고 즐겁게 찬양하고 전심으로 찬양하는
찬양가족 되길 기도합니다.

태아와 함께 읽는 성구

"내 영혼아 여호와 하나님을 송축하라 내 속에 있는 것들아 다 그의 거룩한 이름을 송축하라"(시편 103:1)

"그리스도의 말씀이 너희 속에 풍성히 거하여 모든 지혜로 피차 가르치며 권면하고 시와 찬송과 신령한 노래를 부르며 감사하는 마음으로 하나님을 찬양하고"
(골로새서 3:16)

"예루살렘아 여호와 하나님을 찬송할지어다 시온아 네 하나님을 찬양할지어다"(시편 147:12)

"찬송하라 하나님을 찬송하라 찬송하라 우리 왕을 찬송하라 하나님은 온 땅의 왕이심이라 지혜의 시로 찬송할지어다"(시편 47:6-7)

아가야!

아름다운 음악은 우리를 행복하게 해주지.

아가가 비록 소리를 분명하게 구별하진 못하지만 아름다운 음악과 함께하는 엄마의 행복한 마음은 잘 전달되리라 믿어.

엄마는 모든 음악 중에서도 찬양을 제일 좋아해. 찬양은 우리 하나님을 높여드리는 노래이고, 멜로디가 있는 기도란다. 하나님께는 기쁨이 되고, 우리에게도 축복이 되는 것이 바로 찬양이지.

너도 평생 찬양하는 사람이 될거지?

아가의 대답

찬양 받기에 합당하신 하나님!
모든 존귀와 영광과 찬송을 주님께
올려드립니다.
주님은 만왕의 왕이시고, 만주의 주이십니다.
더불어 사랑하는 우리 아가가 평생에
찬양의 복이 임하길 기도합니다.

늘 주님을 마음에 품고 노래하는 자가 되고,
아가의 생애 전체가 하나님이 받으시기 합당한
아름다운 삶이 되게 해주십시오.
순간순간 하나님을 의지하고, 하나님께 영광을
돌리게 해 주십시오.
주님!
우리 아가가 찬양할 때 귀 기울여 들어주시고
맘껏 기뻐해 주십시오.
감사드리며 예수님 이름으로 기도합니다. 아멘.

28일

하나님이 찾으시는
참된 예배자로
살아가게 하옵소서

하나님이 받으시기에
합당한 예배를 드린 아벨처럼,
모든 예배 시간을 귀하게 구별할 수 있는
자녀로 자라길 기도합니다.

태아와 함께 읽는 성구

"아버지께 참되게 예배하는 자들은 영과 진리로 예배할 때가 오나니 곧 이 때라 아버지께서는 자기에게 이렇게 예배하는 자들을 찾으시느니라"
(요한복음 4장 23절)

"오직 큰 능력과 편 팔로 너희를 애굽에서 인도하여 내신 여호와 하나님만 경외하여 그를 예배하며 그에게 제사를 드릴 것이며"(열왕기하 17:36)

"그러므로 형제들아 내가 하나님의 모든 자비하심으로 너희를 권하노니 너희 몸을 하나님이 기뻐하시는 거룩한 산 제물로 드리라 이는 너희가 드릴 영적 예배니라"(로마서 12:1)

아가야!

엄마를 웃게도 하고 울게도 하는 소중한 우리 아가야. "하나님의 말씀인 성경을 가르치라!"는 말씀 묵상하며 엄마가 가르쳐야 할 가장 마땅한 일이 무엇인지 생각해 보았단다.

너는 아직 정말 아주 정말 어리지만 나는 내 자녀에게 예배를 우선으로 가르치고 강조하고 싶구나. 진심으로 예배하고, 바른 태도로 예배하고, 예배 시간을 귀하게 여기렴. 엄마는 네가 일평생 하나님이 찾으시는 참된 예배자로 살아가기 바란다.

우리 아가도 깨끗한 마음으로 하나님을 바르게 예배할거지?

아가의 대답

모든 이름 위에 뛰어나신 하나님!
주님의 귀하신 그 이름을 높여드립니다.
지금 이 시간 하나님이 찾으시는 예배자로
살아가길 결단합니다. 헌신합니다.
우리 아가의 삶을 부모 된 우리가
대신하여 주님 손에 올려드립니다.
우리 자녀와 우리 가족의 삶을 주님 손에 올려
드립니다. 주님 받아 주십시오.

하나님께 드리는 예배시간을 소중히 지킬뿐더러
우리 삶을 하나님 받으시기 합당한 향기로운
제물로 드리기 원합니다.
찬송과 존귀와 영광을 주님께 돌려드리며,
예수님 이름으로 기도합니다. 아멘.

29일

경건한 삶을
살게 하옵소서

경건한 것을 촌스럽게 여기는 세대 속에서
즐거이 하나님 뜻을 구하며
자신을 절제하는 자녀로 키웁시다.

태아와 함께 읽는 성구

"그러나 너희는 택하신 족속이요 왕 같은 제사장들이
요 거룩한 나라요 그의 소유가 된 백성이니 이는 너희
를 어두운 데서 불러 내어 그의 기이한 빛에 들어가게
하신 이의 아름다운 덕을 선포하게 하려 하심이라"
(베드로전서 2:9)

"예수 그리스도로 말미암아 의의 열매가 가득하여 하
나님의 영광과 찬송이 되기를 원하노라"(빌립보서 1:11)

"그러므로 형제들아 내가 하나님의 모든 자비하심으
로 너희를 권하노니 너희 몸을 하나님이 기뻐하시는
거룩한 산 제물로 드리라 이는 너희가 드릴 영적 예배
니라"(로마서 12:1)

"너희는 이 세대를 본받지 말고 오직 마음을 새롭게
함으로 변화를 받아 하나님의 선하시고 기뻐하시고 온
전하신 뜻이 무엇인지 분별하도록 하라"(로마서 12:2)

아가야!

엄마는 너를 뱃속에 품고 불현듯 이런 생각이 들었단다.

"한나라면 어떻게 기도했을까?"

아마 많이 기도했을 것이고, 열심히 기도했을 거야. 그리고 사무엘이 하나님의 음성을 듣도록, 하나님 마음에 합한 예배자 되도록, 민족과 열방을 살리는 지도자가 되게 해달라고 간절히 기도했을 것 같구나.

너도 사무엘 처럼 세상에 큰 영향을 주는 사람이 될거지?

아가의 대답

우리를 영육간에 강하게 하시는 하나님!
한나가 기도로 자녀를 얻고 얻은 자녀를
기도로 훌륭히 키운 것처럼, 우리도 하늘 아버지
되신 하나님께 기도로 담대히 나아갑니다.
한나처럼 자녀를 위해 중보하게 하시고 그 기도
힘입어 우리 아가가 다니엘처럼 승리하게
해 주십시오.
그리하여 우리 아가가 민족과 열방에
하나님 나라를 선포케 해 주십시오.

고결하고 아름다우며 거룩한 자녀되게 하시고,
하나님의 영이 함께하는 자임을 온 세상에
선포하는 자녀 되게 해 주십시오.
감사드리며 예수님 이름으로 기도합니다. 아멘.

30일

하나님의 꿈을
품게 하옵소서

하나님께서 심어주신
그 분의 소원을 아이가
분명히 붙잡고 순종해 가는
생애가 되길 간절히 기도합시다.

태아와 함께 읽는 성구

"그의 아버지 하나님을 위하여 우리를 나라와 제사장으로 삼으신 그에게 영광과 능력이 세세토록 있기를 원하노라 아멘"(요한계시록 1:6)

"존귀한 자는 존귀한 일을 계획하나니 그는 항상 존귀한 일에 서리라"(이사야 32:8)

"우리는 하나님의 동역자들이요 너희는 하나님의 밭이요 하나님의 집이니라"(고린도전서 3:9)

"내 영혼아 네가 어찌하여 낙심하며 어찌하여 내 속에서 불안해 하는가 너는 하나님께 소망을 두라 나는 그가 나타나 도우심으로 말미암아 내 하나님을 여전히 찬송하리로다"(시편 42:11)

"너희 안에서 행하시는 이는 하나님이시니 자기의 기쁘신 뜻을 위하여 너희에게 소원을 두고 행하게 하시나니"(빌립보서 2:13)

아가야!

아빠엄마한테 와줘서 너무 고마워.

조금 더 기다리면 너를 만나겠구나.

너를 볼 수 있다는 생각에 하루하루가 설렌다!

널 만나는 그날까지 좋은 생각 많이 하고, 좋은

것 많이 보고, 더 많이 기도할게.

아가도 엄마 볼 때까지 건강해야 한다.

아가야, 너는 지금 아주 작은 아가지만 하나님은

너를 사랑하시며 너를 향한 꿈과 계획을 가지고

계시단다.

아가야, 예쁘고 건강하고 씩씩하게 자라렴.

하나님이 이루고 싶어 하시는 꿈을 이룰거지?

아가의 대답

구하면 주시겠다고 약속하신 하나님,
아가의 가슴에 하나님의 꿈을
심어주십시오.
하나님이 아가에게 주신 소망을 발견하고
그것을 이루어드리기 원합니다.

꿈이 없는 이 세대에 하나님의 소망을 전하는
사람 되길 구합니다.
요셉과 같이 흉년을 대비할 지혜로운 지도자
되길 구합니다.
한마음으로 하나님의 비전을 구하며 기도하는
우리 아가되게 해 주십시오.
나라와 권세와 영광이 아버지께 영원히 있음을 고
백하며 예수님 이름으로 기도합니다. 아멘.

아빠의 태교

- 아내의 말 세심하게 경청하기
- 아내를 많이 웃게 하기
- 아내를 위해 맛있는 음식 만들어주기
- 아가에게 아빠 목소리 많이 들려주기
- 수시로 아내 손 꼭 잡아주기

기도 체크표

30일이 지났습니다. 수고했습니다. 기쁘시죠?
기도한 횟수와 당신의 추가 기도를 적어보세요.
하나님은 당신이 기도한대로 정확하게 응답하실 것입니다.

횟수	날짜	엄마 아빠는 이렇게 기도한단다
회		
회		
회		
회		
회		
회		
회		
회		
회		
회		
회		

다시 1일부터 반복해 주세요.

365일 자녀축복 안수 기도문
성 경 말 씀 과 함 께

내 아이의 머리에
손을 얹고 매일 기도하면
내 아이는 주님의 은혜로
형통케 됩니다!

선포(명령) 기도문

최성규목사 추천/김경란 지음

소리내 믿음으로 읽기만 해도
주님의 보호, 능력, 축복, 변화와 마귀를
대적하는 강력한 선포기도가 됩니다!

365일 부모를 위한 무릎 기도문
우리 부모님을 지켜 주옵소서

하나님께서 우리가 부모를 공경하면
잘 되고 장수한다고 약속하셨습니다.

하나님의 말씀이 새겨진 강보(속싸게)

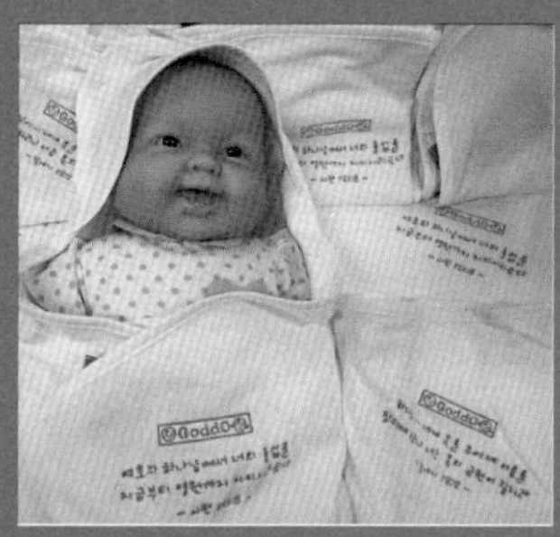

유대인들은 아기가 태어나면

하나님 말씀이 새겨진 강보에 싸는데, 이유는 "평생 하나님
말씀 안에 안전하게 거하라"는 부모의 소망 때문 입니다.
나침반출판사 식구인 〈가뚜〉(Goddo)에서는 하나님 말씀이
수놓아진 강보(속싸게)를 만들었습니다.
아기가 태어나면서부터 하나님의 말씀으로 감싸여지고
보호받기 원한다면 한번 살펴 보십시오.

위 제품을 구입하거나, 자료를 요청하실 분은
nabook24@hanmail.net 이나
전화(031)932-3205로 연락주십시오.
옆 QR코드 로도 확인할 수 있습니다.

태아를 위한 무릎 기도문

엮은이 | 편집부와 김지혜
발행인 | 김용호
발행처 | 나침반출판사

7판 발행 | 2025년 7월 1일

등 록 | 1980년 3월 18일 / 제 2-32호
주 소 | 07547 서울특별시 강서구 양천로 583
         블루나인 비즈니스센터 B동 1607호
전 화 | 본   사(02)2279-6321
         영업부(031)932-3205
팩 스 | 본   사(02)2275-6003
         영업부(031)932-3207

홈페이지 | www.nabook.net
이 메 일 | nabook365@daum.net

ISBN   978-89-318-1455-2
책번호   바-1034

값은 뒷표지에 있습니다.